M. DUTASTA

ET

LE LITTORAL

LA VÉRITÉ SUR L'INCIDENT

———•○◉○•———

TOULON
IMPRIMERIE A. ISNARD ET Cie
Boulevard de Strasbourg, 56
—
1885

M. DUTASTA

ET

LE LITTORAL

LA VÉRITÉ SUR L'INCIDENT

Quelque peu de goût que nous ayons à occuper le public de notre personnalité, et *notre soi-disant responsabilité anonyme* l'a bien prouvé, les circonstances nous obligent à lui faire connaître en termes explicites la suite de notre différend avec M. le Maire de Toulon. Nous avions, en effet, promis de faire la preuve de la vérité, et cette preuve, que la lettre de nos témoins ne pouvait pas lui donner, nous allons la faire avant tout et quand même.

Lorsque après notre réponse à sa sommation fort inattendue, M. Dutasta nous a envoyé ses témoins, MM. Toucas et Simon, à la parfaite courtoisie desquels nous avons à cœur de rendre hommage, nous avons commencé par leur dire ceci :

« Messieurs, je dois vous faire observer que je n'ai engagé avec M. Dutasta qu'une polémique d'intérêt général, que je n'ai usé à son égard dans cette polémique d'aucun terme injurieux ou qui dépassât mes droits, et que, par suite, je ne dois rien à M. le Maire de Toulon. Toutefois, si dans un but que je ne saisis pas bien, M. Dutasta éprouve le besoin urgent de faire une de ces parties de *pré-aux-clercs* qui prouvent tout au plus une certaine habitude des salles d'armes ou de tir au pistolet, je n'y verrais aucun inconvénient pour lui être agréable, et lui accorderais cette légère satisfaction sans la forfanterie du bravache, mais sans déplaisir non plus.

— Ce n'est pas dans ce but que nous a envoyés ici M. Dutasta, nous répondirent-ils aussitôt, mais uniquement pour dégager la vérité complète de vos informations et des débats que vous avez soulevés à ce sujet dans le *Petit Marseillais*.

— Eh bien ! Messieurs, la vérité, la voici, et nous leur lûmes la lettre de notre ami M. le docteur Sigallas, conseiller général du Var, le principal interlocuteur du commandant Gougeard dans l'entrevue reproduite par nos communications aux journaux.

« Mon cher Monsieur Truc,

« Ce que vous avez écrit au sujet du Chemin de fer
« du Littoral est *très-vrai*.

« Mais pourquoi ne pas dire à M. Dutasta, au sujet du
« prétendu abandon de Toulon et des sacrifices que cette
« ville était disposée à faire, que ce sont là des déclara-
« tions un peu tardives.

« Le Conseil général du Var avait voté en principe le
« chemin de fer de Toulon à Fréjus-St-Raphaël. Il l'avait
« voté à la condition que les villes et les populations in-

« téressées feraient des sacrifices pécuniaires dont la
« somme fut fixée plus tard à deux millions.
« On fit appel aux populations et aux maires de toutes
« les villes intéressées. M. Dutasta a été convoqué, comme
« tous ses collègues de la région, à Hyères. Ce n'était pas
« bien loin de Toulon, *M. Dutasta n'est pas venu, et ne*
« *s'est pas seulement excusé.*
« La préfecture a fait un *appel officiel* à toutes les
« mairies. *Même silence de Toulon et de M. Dutasta,*
« alors que les autres villes du Littoral apportaient leurs
« cotisations.
« M. Dutasta devait bien savoir que cet apport d'une
« subvention était la condition *sine quâ non* de la cons-
« truction du chemin de fer. Dans la Commission
« d'enquête, dont faisait partie son premier adjoint, il a
« été dit qu'on ferait droit aux pétitions des Toulonnais,
« *sous la réserve expresse que la ville de Toulon ferait*
« *des sacrifices en raison de son importance.* **Cela**
« **est écrit.**
« Pourquoi M. Dutasta n'a-t-il alors rien dit ? Pour-
« quoi ne pas faire alors les sacrifices qu'il se déclare
« prêt à faire aujourd'hui — sans dire quels ils seront.
« Bien à vous.
« Dr SIGALLAS. »

Après la lecture de cette lettre que nous avons tenu à mettre sous leurs yeux, MM. Toucas et Simon, devant qui s'ouvraient sans doute certains horizons jusqu'alors inconnus pour eux, nous invitèrent à constituer deux de nos amis avec qui ils traiteraient plus complètement la question et rédigeraient un procès-verbal.

MM. de Robillard et le D^r Bœuf voulurent bien accepter cette mission et nous devons les remercier ici de tout leur dévouement et de toute leur patience durant ces débats. De longs pourparlers furent en effet engagés, à la suite desquels les témoins de M. le Maire de Toulon consentaient à reconnaître notre entière loyauté tout en réservant à M. Dutasta le panache de défenseur résolu des intérêts de Toulon, rôle que, dans la circonstance, nous lui refusons complètement.

Nous était-il possible d'accepter ce procès-verbal, après nos affirmations formelles contre les agissements de M. Dutasta, affirmations puisées à bonne source, et de faire ainsi bon marché des personnes que nous avions mises en avant, et qui nous avaient autorisé de leur témoignage ? Pouvions-nous nous contenter de l'anodine attestation d'une loyauté que nous n'avons jamais permis à personne de mettre en doute, pas plus à M. le Maire de Toulon qu'à qui que ce soit.

Si notre loyauté était entière, nos affirmations étaient exactes. Nous ne pouvions donc accepter cette solution, et nos témoins, que nous n'avions constitués que sur la demande de M. Dutasta, ont parfaitement compris qu'ils n'avaient plus qu'à se retirer sans lui accorder la satisfaction demandée par lui.

Et quelles que soient les appréciations plus ou moins erronées de certains milieux sur l'attitude de nos témoins, MM. Bœuf et de Robillard, nous déclarons l'approuver et la couvrir entièrement, puisque c'était la nôtre.

Pouvions-nous, d'ailleurs, regarder comme nulle et non avenue, lorsqu'il s'agissait d'éclairer le public, la lettre si importante que le docteur Sigallas avait eu l'obligeance de nous écrire entre temps.

« Mon cher Monsieur Truc,

« Vous me demandez quel a été le rôle joué par
« M. Dutasta, maire de Toulon, lors de son dernier
« voyage à Paris, à propos du chemin de fer du Littoral.
« Voici toute la vérité. Ce récit va être la reproduction
« fidèle de la conversation qui eut lieu entre M. le com-
« mandant Gougeard, conseiller d'Etat, et nous.
« Une vive opposition venait de naître au sein du Con-
« seil d'Etat contre le projet du chemin de fer du Lit-
« toral. Nous nous rendîmes à Paris, M. de Champ-
« morin, président du Comité de défense des intérêts du
« Littoral et moi, dans le but de répondre aux objections
« que les adversaires de ce projet soulevaient contre lui.
« Notre première visite fut pour M. Gougeard. Je lui
« exposai tout l'intérêt qui s'attachait à la construction
« du chemin de fer du littoral, et la juste impatience
« des populations de la région, désireuses d'avoir une
« rapide solution de cette affaire, quand M. Gougeard
« m'interrompit en me disant :
« Le Conseil général du Var a sacrifié Toulon dans
« cette affaire. Toulon devait être la tête de ligne de cette
« voie ferrée. — Qui vous a dit, lui répondis-je, que le
« Conseil général du Var a sacrifié Toulon ? — **C'est**
« **M. Dutasta, maire de Toulon.**
« J'expliquai alors à M. Gougeard que le Conseil géné-
« ral du Var avait d'abord voté, en principe, la conces-
« sion d'une ligne ferrée qui *de Toulon* se rendait à
« Fréjus-Saint-Raphaël ; qu'il avait subordonné l'exécu-
« tion de cette ligne aux sacrifices que feraient les com-
« munes et les populations intéressées ; que toutes les
« communes de la région avaient répondu à cet appel ;
« *que seuls la ville de Toulon et son maire, M. Du-*

« *tasta, s'etaient abstenus*; que le Conseil général avait
« alors décidé de diviser le chemin de fer du Littoral en
« deux tronçons, dont l'un immédiatement réalisable de
« Hyères à Fréjus-Saint-Raphaël, l'autre de Hyères à
« Toulon, ajourné au moment où Toulon **voudrait**
« faire des sacrifices suffisants.

« Voila, dis-je à M. Gougeard, les faits dans toute
« leur exactitude, et il s'en suit que **ce n'est point**
« **le Conseil général qui a sacrifié Toulon,**
« **c'est M. Dutasta lui-même.**

« Je dois avouer humblement que je n'ai peut-être pas
« réussi à convaincre mon honorable interlocuteur, et
« que l'influence et la parole de M. Dutasta ont produit
« plus d'effet que les miennes sur M. Gougeard.

« Il est bien évident que l'intervention, *incidente ou*
« *non*, de M. Dutasta auprès de M. Gougeard a été très-
« préjudiciable au Chemin de fer du Littoral, qu'elle a
« failli lui être funeste. Il est évident aussi que c'est, *en*
« *dénaturant les faits*, relativement à Toulon tête de
« ligne injustement sacrifié par le Conseil général, que
« M. Dutasta a transformé les dispositions bienveillantes
« de M. Gougeard en dispositions tout à fait hostiles.

« M. Dutasta, dans la polémique que vous avez sou-
« tenue, se déclare prêt à faire des sacrifices pour le
« chemin de fer du littoral. Il aurait bien fait, je crois,
« de sortir plus tôt de son mutisme et de dire, en temps
« opportun, quels seraient ces sacrifices. »

« Bien à vous, « Dr Sigallas. »

Il serait difficile d'exposer la vraie situation en termes plus nets, plus francs, plus catégoriques, et en même temps plus écrasants pour M. Dutasta.

Point n'est besoin de longs commentaires à ces remarquables documents.

On vient alors nous opposer une lettre de M. le commandant Gougeard, disant qu'il n'a pas été question du *Central-Var* entre M. le Maire de Toulon et lui. D'accord ! et tant mieux ! Mais nous n'en avons parlé tout au début que comme d'un de ces bruits qui courent par l'air, et nous l'avions fait dans une forme suffisamment française pour que un ex-professeur de l'Université n'ait pu s'y tromper. A la première dénégation de M. Dutasta, nous l'avons abandonné, et c'est se raccrocher, comme un noyé à une paille sur l'eau, que de revenir sur ce grief.

Mais nous savons que M. Dutasta cherche toujours à éviter le fond même du débat, et qu'il raffole des incidents et des tangentes.

Que dit encore M. le commandant Gougeard ? Que M. Dutasta n'a protesté contre le chemin de fer du littoral que parce que Toulon n'était pas tête de ligne. Fort bien ! M. Dutasta, oubliant que les procédés en histoire du Père Loriquet ne sont plus de mise, n'a commencé l'historique de la question, tel que nous le donne le Dr Sigallas, qu'au moment où il lui a plu de le faire.

M. le Maire de Toulon qui paraît avoir deux sortes de mémoire, une pour Paris, l'autre pour la province, une vraie mémoire de *Maître Jacques*, ne s'est pas souvenu dans la capitale qu'il avait traité tout d'abord Toulon comme une *quantité négligeable*, et que c'est après s'être réveillé comme d'un long sommeil de sept à huit mois qu'il s'est tout à coup écrié : « Tiens ! que c'est drôle ! Toulon existe ! »

Mon Dieu oui ! Il n'y a rien de tel pour réveiller certains tempéraments comme l'approche d'une période électorale.

Somme toute, M. Gougeard, dans la lettre qu'il adresse à M. le Maire de Toulon, répond uniquement aux questions que M. Dutasta a eu la précaution de lui poser, et ne dit pas un mot de son entrevue avec les délégués du Littoral, entrevue sur laquelle nous avons appuyé toutes nos affirmations.

Résumons donc les débats en nous appuyant sur les témoignages du Dr Sigallas.

M. Dutasta a-t-il fait, pour un motif ou pour un autre, les manœuvres que nous avons signalées contre le chemin de fer du Littoral, et par suite contre les populations intéressées à cette ligne ferrée ? Oui.

Pour décider M. le commandant Gougeard à prendre parti contre ce projet, a-t-il couvert d'un pudique mouchoir la moitié de la vérité, et dénaturé ainsi le vote du Conseil général du Var ? Oui.

A-t-il en réalité sacrifié Toulon lui-même, tout en voulant *se donner aujourd'hui l'air électoral* d'avoir défendu ses intérêts ? Oui.

Et, par une bizarrerie de conduite inexplicable, a-t-il compromis tantôt les intérêts de Toulon, tantôt ceux de toutes les villes du Littoral, et pour ne pas faire de jaloux, les a-t-il tous compromis à la fois ? Oui.

Y a-t-il enfin en faveur de l'accusé des circonstances atténuantes ? Non ! pas la moindre.

Nous n'avions demandé qu'à prouver l'hostilité de M. Dutasta contre Hyères, Bormes, Gassin, Cogolin, Grimaud, Sainte-Maxime, Fréjus, Saint-Raphaël, etc. C'est fait !

Il nous fournit aujourd'hui le moyen de démontrer qu'il a failli être l'homme le plus nuisible à la ville que ses concitoyens l'ont chargé d'administrer.

C'est plus que nous ne demandions.

Au bon sens public à juger maintenant, de quel côté est la malveillance et la fausseté.

Pour nous, la séance est levée.

Pierre Truc.

www.ingramcontent.com/pod-product-compliance
Lightning Source LLC
Chambersburg PA
CBHW071430060426

42450CB00009BA/2117